AF279084

LA

LIBERTÉ DE LA PRESSE

PARIS

IMPRIMERIE DE AD. LAINÉ

RUE DES SAINTS-PÈRES, 19

——

1868

LA

LIBERTÉ DE LA PRESSE

LA

LIBERTÉ DE LA PRESSE

I.

Demandez-vous ce que les peuples modernes, les Anglais par exemple, entendent par le mot de liberté?

C'est, répond Benjamin Constant(1), c'est pour chacun le droit de n'être soumis qu'aux lois, de ne pouvoir être ni arrêté, ni détenu, ni mis à mort, ni maltraité d'aucune manière, par l'effet de la volonté arbitraire d'un ou de plusieurs individus.

C'est pour chacun le droit de dire son opinion, de choisir son industrie et de l'exercer, de dispo-

(1) *Cours de politique constit.*, t. II, p. 541.

ser de sa propriété, d'en abuser même, d'aller, de venir, sans en obtenir la permission et sans rendre compte de ses motifs ou de ses démarches.

C'est pour chacun le droit de se réunir à d'autres individus, soit pour conférer sur ses intérêts, soit pour professer le culte que lui et ses associés préfèrent, soit simplement pour remplir ses jours et ses heures d'une manière plus conforme à ses inclinations et à ses fantaisies.

Enfin c'est le droit pour chacun d'influer sur l'administration du gouvernement, soit par la nomination de tous ou certains fonctionnaires, soit par des représentations, des pétitions, des demandes que l'autorité est plus ou moins obligée de prendre en considération.

Comparez, ajoute Benjamin Constant, comparez à cette liberté celle des anciens.

Celle-ci consistait à exercer collectivement, mais directement, plusieurs parties de la souveraineté tout entière, à délibérer, sur la place publique, de la guerre et de la paix, à conclure avec les étrangers des traités d'alliance, à voter les lois, à prononcer les jugements, à examiner les comptes, les actes, la gestion des magistrats, à les faire comparaître devant tout le peuple, à les mettre en accusation, à les condamner ou à les absoudre.

Mais en même temps que c'était là ce que les anciens nommaient liberté, ils admettaient comme compatible avec cette liberté collective l'assujettissement de l'individu à l'autorité de l'ensemble.

Toutes les actions privées sont soumises à une surveillance sévère. Rien n'est accordé à l'indépendance individuelle, ni sous le rapport des opinions, ni sous le rapport de l'industrie, ni surtout sous le rapport de la religion.

La faculté de choisir son culte, faculté que nous regardons comme l'un de nos droits les plus précieux, aurait paru aux anciens un crime et un sacrilége.

Dans les choses qui nous semblent les plus futiles, l'autorité du corps social s'interpose et gêne la volonté des individus. Terpandre ne peut, chez les Spartiates, ajouter une corde à sa lyre sans que les Éphores ne s'en offensent.

Les lois règlent les mœurs, et, comme les

mœurs tiennent à tout, il n'y a rien que les lois
ne règlent.

Ainsi, et la conclusion mérite votre attention
particulière, ainsi chez les anciens l'individu,
souverain dans les affaires publiques, est esclave
dans tous ses rapports privés.

Chez les modernes, au contraire, l'individu,
indépendant dans la vie privée, n'est, même
dans les États les plus libres, souverain qu'en
apparence.

Sa souveraineté est restreinte, presque toujours suspendue ; et si, à des époques fixes, mais
rares, durant lesquelles il est encore entouré
de précautions et d'entraves, il exerce cette souveraineté, ce n'est jamais que pour l'abdi-
quer.

Dans cette conception nouvelle de la liberté,
devons-nous voir une antinomie, comme dirait
Proudhon, et les modernes se sont-ils trompés
du tout au tout en abandonnant le pouvoir, qui
est l'ombre, pour s'attacher à l'indépendance individuelle, qui est l'essence même de la liberté ?

Non, disons-le bien vite à leur honneur, ils ne
se sont pas trompés en rompant avec les tradi-

tions anciennes, traditions de violence et de domination.

Non, ce n'est pas une vaine illusion ou une erreur coupable qui les sollicite à désarmer la liberté et à ne plus l'adorer sous les traits d'une virago farouche, toujours prête pour la lutte et le combat.

Il faut nous résigner ; tout porte à croire qu'en plein dix-neuvième siècle, avec nos idées chrétiennes et nos habitudes d'égalité, nous ne pouvons plus être des Grecs ni des Romains.

II.

Vous venez de voir signaler avec une intuition remarquable le penchant qui entraîne les peuples modernes à sacrifier l'exercice du pouvoir pour conquérir l'indépendance de la vie privée.

Ce penchant, qui est l'expression et la forme même du progrès de la raison publique, repose sur cette idée très-juste : qu'étendre le pouvoir et élargir l'arbitraire individuel, ce n'est pas

étendre la liberté; et qu'affaiblir la responsa-
bilité, ce n'est pas fortifier l'indépendance.

Tels sont néanmoins les fruits dangereux
de la liberté politique si, dans son orgueil, elle
prend sur l'autel la place de la liberté individuelle qu'elle doit servir, et se fait adorer pour
elle-même.

En décentralisant la puissance sociale et en
semant ses débris dans la foule, c'est du pouvoir qu'elle fait germer, et, à mesure que ce
pouvoir se multiplie, auprès de lui grandit et
se développe l'irresponsabilité.

Sur un sol ainsi préparé ne peut manquer
de fleurir un jour la tyrannie, d'autant plus
redoutable et inévitable pour chacun qu'elle
devient le fait de tous.

Rendons grâce à Dieu de ce que le bon sens
public ne s'y laisse point tromper.

Sans se détourner de la liberté politique, sans
oublier les services brillants qu'on lui doit et
qu'on peut en attendre encore, il sait que le
but est au delà.

Malgré les erreurs passagères de l'opinion, à
travers les détours sans nombre des événe-

ments, il s'avance vers ce but par une impulsion constante et magistrale.

On peut comparer ce mouvement aux courants profonds de l'Océan, qui marchent souvent en sens inverse des remous et des agitations de la surface.

Le courant politique se dirige aujourd'hui vers la séparation du pouvoir et de la liberté, vers la limitation exacte et le respect absolu de l'un et de l'autre.

Ainsi, toute puissance a des bornes, et toute liberté a des limites; telle est l'idée moderne.

III.

Quand on parle du gouvernement et de la liberté de la presse, une comparaison classique vient obséder l'esprit, c'est celle d'Éole et de ses fougueux prisonniers. Voudriez-vous, comme quelques-uns le conseillent, leur donner d'un coup toute licence?

Sans doute le gouvernement n'est pas un Dieu, et, sous prétexte de nous mettre à l'abri des tempêtes, il n'a pas le droit de nous ménager toujours à son gré l'air et la lumière. Mais enfin il y a une question de mesure, et notre intérêt même en doit être le régulateur.

La liberté de la presse, avec nos mœurs actuelles, c'est la liberté de l'agitation et des coalitions politiques, ou mieux, ce n'est plus seulement une liberté, c'est surtout un pouvoir capricieux et violent.

L'exercice de ce pouvoir représenterait pour nous assez exactement ce qu'étaient pour les Grecs et les Romains l'Agora et le Forum, c'est-à-dire les brigues de la place publique, les compétitions astucieuses ou brutales des prétendants, la corruption de l'esprit public.

Nous sommes trop nombreux pour nous réunir sur une place, la presse est là qui nous en tiendra lieu ; nous avons autre chose à faire que de vivre de la vie publique et de nous livrer à elle, c'est elle qui viendra à nous, et la publicité sera sans cesse à nos côtés, épiant nos loisirs et remplissant avec une souplesse et une habileté sans bornes son métier d'entremetteuse.

Je comprends très-bien que les disciples de

la vieille école rêvent de la liberté de la presse : elle leur apporterait ce qu'ils veulent, un pouvoir redoutable sous forme de liberté.

Mais ce que je comprends avec peine, c'est que les philosophes éclairés de l'école moderne, ceux qui nous ont appris à être libres, ceux qui nous démontrent avec une admirable sagacité les périls que fait courir à la liberté sa confusion avec le pouvoir, que ceux-là, dis-je, demandent sans restriction la liberté de la presse.

Il est juste de faire sentir les avantages de la liberté, mais il serait puéril de taire les dangers de la puissance qui s'y mêle.

D'autant plus que, si les avantages appartiennent à la liberté, les dangers viennent en grande partie de nous-mêmes. C'est ce qui explique pourquoi cette liberté règne sans trop de dommage en Angleterre.

Bien des gens soutiennent, et ce ne sont pas les premiers venus, que l'indépendance individuelle n'a point de plus sûre garantie.

Si cela était vrai sans distinction, nous nous empresserions de proclamer que la liberté de la presse est un bienfait dont nous ne saurions jouir trop tôt; mais il faut s'entendre.

Confier actuellement la garantie de l'indépendance individuelle à la liberté de la presse, ce serait agir à peu-près comme des imprudents qui remettent ce qu'ils ont de plus précieux entre des mains toutes prêtes à la rapine.

Assurez-vous d'abord des gens par qui vous voulez être gardés ; à cette condition seulement vous pouvez vous croire en sûreté. Les Anglais ont suivi cette conduite prudente.

En vain dit-on que c'est là un cercle vicieux, que la liberté seule peut nous rendre sages, et que, si nous attendons d'être sages pour en jouir, c'est retarder indéfiniment cette jouissance.

Il n'est pas vrai que la liberté de la presse soit la meilleure méthode d'éducation politique, elle est un moyen dangereux, et qui ne peut s'appliquer qu'à des tempéraments déjà formés et vigoureux.

Est-ce que, pour acquérir la liberté de l'homme fait, on n'est pas obligé de se soumet-

tre aux restrictions et aux exercices de l'ado-
lescence?

L'éducation est une série d'habitudes, et
nous devons nous former à des habitudes que
la liberté de la presse ne peut nous donner.
Apprenons à nous gouverner sagement nous-
mêmes, avant de nous mêler de gouverner les
autres, ce qui est le défaut de la presse.

Le perfectionnement et l'application de nos
facultés et de nos aptitudes personnelles doivent
être notre principale tâche, mais une application effective qui nous mène à un but cer-
tain.

La liberté de la presse ne peut se développer
sans inconvénients que chez un peuple très-
occupé. Le travail offre d'admirables garan-
ties.

D'abord il empêche qu'on ne fasse de l'agitation pour l'agitation elle-même, on n'en fera
que pour obtenir un avantage positif et déter-
miné.

Puis il attache l'homme à son entreprise, il
enlace peu à peu son esprit et ses passions par
mille liens invisibles et invincibles; il le fait

roi d'un petit domaine où se concentre son am-
bition, et au-delà duquel s'étend l'indifférence.
Il enseigne à l'homme à être libre pour lui-
même et à ne pas trop prendre charge de la
liberté d'autrui.

L'industrie est une grande école de dévoue-
ment et de hiérarchie, où on apprend à la
fois la science du commandement et celle de
l'obéissance.

Les nations qui s'enrichissent par le travail
et l'industrie arrivent toujours à la liberté.
Peut-être est-ce le seul chemin qui y mène,
c'est au moins le seul qui y mène sûrement.

Il y a donc nécessité que nous devenions
d'abord un peuple d'affaires, un peuple rangé
et moral, un peuple d'individus ayant tous le
culte de l'indépendance individuelle, l'amour
de la maison, de la cité et de l'État.

Ces qualités, sans lesquelles il est impossi-
ble d'être libre, exerceront aussitôt leur action
efficace sur la presse. Nous aurons une presse
occupée des intérêts positifs, une presse écono-
miste et morale, une presse sincèrement dé-
vouée à la défense des libertés individuelles.

Ainsi nous établirons la PRESSE DE LA LI-BERTÉ, ce qui est beaucoup plus sûr que d'établir LA LIBERTÉ DE LA PRESSE.

Xavier DE QUIRIELLE.

Paris. — Impr. de A. Lainé et J. Havard, rue des Saints-Pères, 19.